Johann Sebastian Bach

ELEVEN GREAT CANTATAS

In Full Vocal and Instrumental Score

From the
Bach-Gesellschaft
Edition

DOVER PUBLICATIONS, INC.
NEW YORK

CONTENTS

Published in Canada by General Publishing Company, Ltd.,
30 Lesmill Road, Don Mills, Toronto, Ontario.
Published in the United Kingdom by Constable and Company, Ltd., 10 Orange Street, London WC 2.

This Dover edition, first published in 1976, is an unabridged republication of eleven cantatas from various volumes of *Johann Sebastian Bach's Werke*, originally published in Leipzig by the Bach-Gesellschaft between 1851 and 1881, under the editorship of M. Hauptmann and W. Rust.
The literal English translations of the texts were prepared specially for the present edition by Stanley Appelbaum.

International Standard Book Number: 0-486-23268-9
Library of Congress Catalog Card Number: 75-27671

Manufactured in the United States of America
Dover Publications, Inc.
180 Varick Street
New York, N.Y. 10014

Feria Paschatos.

„Christ lag in Todesbanden."

SINFONIA.

2

4

den, er ist wieder er-stan - den, er ist wie-der er - stan - den, er ist wieder er-stan -

der er - stan - den, wieder erstan - den, er ist wieder erstan - den,

er

der er-stan - den, er ist wie - der er - stan - den, er ist wieder er-

ist wie - der er - stan - den

- den, er ist wie-der er-stan - den, er ist wieder er-stan - den, er-stan - -

er ist wieder er-stan - den, ist wieder er-stan - den, er ist wie - der er - stan-den und

stan - den, er-stan - den, er ist wieder erstan - den, er-stan -

sol - len fröh - - lich, dess wir sollen fröh - lich, fröh - lich, fröh - lich, fröhlich sein, fröh -
dess wir sol - len fröh - - lich, dess wir sollen fröh - lich, fröh - lich, fröhlich sein, dess wir
dess wir sol - len fröh - - lich, fröh - lich, fröhlich, fröhlich sein,
dess wir sol - - len fröh - - lich sein,
- lich, fröh - lich, fröh - lich, dess wir sollen fröh - lich, fröhlich, fröhlich sein,
sollen fröh - lich, fröh - - lich sein, fröh - lich, fröh - lich, fröhlich sein,
dess wir sollen fröh - - lich, fröh - - - lich sein,

Alla breve.

14

Versus II.

Versus III.

Violino I. II.

Tenore.

Continuo.

Je - sus Chri - - stus, Got - tes Sohn,   an

un - ser Statt ist kom - - men,

und   hat   die Sün - de   weg - ge - than,

da - mit dem Tod ge - nom - - men

all' sein Recht und sein' Ge _ walt,

Adagio. **Allegro.**

forte

da blei_bet nichts denn Tod's _ _ ge_stalt,

f

den Stach'l hat er ver _ lo _ _ ren.

tr

Hal_le_lu_jah, hal_le_lu_jah, hal_le_lu_jah, _____ hal_le_lu_jah, hal _ _ _

_ _ le _ lujah!

Versus IV.

Versus V.

ten,   das ist hoch an des Kreu_zes Stamm, hoch an _____ des _____ Kreu_

_ _ zes, des Kreuzes Stamm in hei _ sser Lieb' _____ ge _ bra _ ten, in hei_sser Lieb' ge_bra _

ten,   das Blut zeich_net, das Blut zeich_net, zeich _ _ net unser Thür,

das Blut zeich _ _ net unser Thür, das hält _ _ der Glaub'

_ dem To _ de für, das hält der Glaub' dem To _ _
tasto

_ de für, der Wür _ _ _ _ _ _ _ _ _ _ ger
piano

26

CHORAL.
Versus VII.

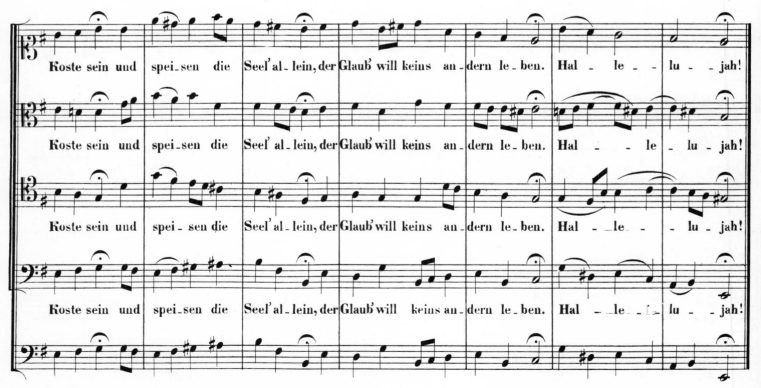

Dominica Jubilate.
„Weinen, Klagen, Sorgen, Zagen."

SINFONIA. Adagio assai.

35

Andante.
gen, das Zei - chen Je - su tra - gen,
gen, das Zei - chen Je - su tra - gen,
gen, das Zei - chen Je - su tra - gen, die das
gen, das Zei - chen Je - su tra - gen, die das Zei - chen
die das Zei - chen Je - su tra - gen.
die das Zei - chen Je - su, die das Zeichen, das Zei - chen Je - su tra - gen.
Zei - chen Je - su, die das Zei - chen Je - su, das Zei - chen Je - su tra - gen.
Je - su, die das Zei - chen Je - su tra - gen.
Da Capo.

RECITATIVO.

ARIA.

Kreuz und Kro_ne sind ver_bunden, Kampf und Kleinod sind ver_eint, Kreuz und

Kro_ne sind ____ ver_bun _ den, Kampf und Kleinod sind ver_eint, Kreuz und Kro_ne

sind ver_bun _ den, Kampf und Kleinod sind vereint, Kampf und Kleinod sind ver_eint, Kampf ____

und Kleinod, Kampf und Klei_nod sind vereint;

Chri_sten ha_ben al _ le

Stunden ih_re Qual und ih_ren Feind,_____ Chri_sten ha_ben al_le

Stun_den ih_re Qual____ und ihren Feind, ih_re Qual und ih_ren

Feind; doch ihr Trost sind Chri_sti

41

Wunden. Kreuz und Kro_ne sind ver _ bunden, Kampf und Klei_nod sind ver _ eint;

doch ihr Trost sind Chri _ sti Wun _ _ _ _ den, Christi Wun _ _ den.

Da Capo.

ARIA.

Violino I.

Violino II.

Basso.

Continuo.

Ich folge Christo nach,_____ von ihm will ich nicht las _ _ _ _

ich fol_ge Christo nach, von ihm will ich nicht lassen

im Wohl, im Wohl und

Un _ ge _ mach, im Le_ben und Erblassen, im Wohl und Un _ ge _ mach, im

Le _ ben und Erblassen.

ARIA.

Tromba.

Tenore.

Continuo.

Sei ge-

treu, sei ge treu,___ al _ le Pein,___

___ al _ le Pein ___ wird doch nur___ ein Klei_nes___ sein, al _ le Pein,___

al ___ _ le Pein wird doch nur___ ein Klei ___ ge-

1.

_nes, wird doch nur ein Klei ___ nes sein. Sei ge-

CHORAL.

Oboe o Tromba.

Soprano.
Violino 1 col Soprano.

Was Gott thut, das ist wohl _ gethan, da _ bei will ich ver _ blei _ ben,
Es mag mich auf die rau _ he Bahn Noth, Tod und E _ lend trei _ ben,

Alto.
Violino II coll' Alto.

Was Gott thut, das ist wohl _ ge _ than, da _ bei will ich ver _ blei _ ben,
Es mag mich auf die rau _ he Bahn Noth, Tod und E _ lend trei _ ben,

Tenore.
Viole col Tenore.

Was Gott thut, das ist wohl _ ge _ than, da _ bei will ich ver _ blei _ ben,
Es mag mich auf die rau _ he Bahn Noth, Tod und E _ lend trei _ ben,

Basso.

Was Gott thut, das ist wohl _ ge _ than, da _ bei will ich ver _ blei _ ben,
Es mag mich auf die rau _ he Bahn Noth, Tod und E _ lend trei _ ben,

Continuo e Fagotto.

so wird Gott mich ganz vä _ ter _ lich in seinen Ar _ men hal _ ten: drum lass' ich ihn nur wal _ ten.

so wird Gott mich ganz vä _ terlich in seinen Ar _ men hal _ ten: drum lass' ich ihn nur wal _ ten.

so wird Gott mich ganz vä _ ter _ lich in seinen Ar _ men hal _ ten: drum lass' ich ihn nur wal _ ten.

so wird Gott mich ganz vä _ ter _ lich in sei _ nen Ar _ men hal _ ten: drum lass' ich ihn nur wal _ ten.

Per ogni Tempo.

„Ich hatte viel Bekümmerniss."

PRIMA PARTE.

SINFONIA.
Adagio assai.

Adagio. Vivace.

quicken mei _ ne See _

Trö _ stungen er _ qui _ cken mei _ ne See _

Trö _ stungen er _ qui _ cken mei _ ne See _

Trö _ stungen er _ qui _ cken mei _ ne See _

Andante.

_ le, meine See _ le, dei _ ne

_ le, meine See _ le, dei _ ne Tröstungen, dei _ ne

_ le, meine See _ le, dei _ ne Trö _ stungen er _ qui _ cken mei _ ne

_ le, meine See _ le, dei _ ne Tröstungen, dei _ ne Trö _ stungen er _

Tröstungen, deine Trö-stungen er-qui-cken mei-ne See-le, er-quicken mei-ne See-le.

Trö-stungen er-quicken meine See-le, er-quicken meine See-le, mei-ne See-le.

See-le, mei-ne See-le, er-qui-cken, er-qui-cken, er-quicken meine See-le.

quicken mei-ne See-le, er-qui-cken, er-quicken meinè Seele, meine See-le.

ARIA.

Oboe.

Soprano.

Organo e Continuo.

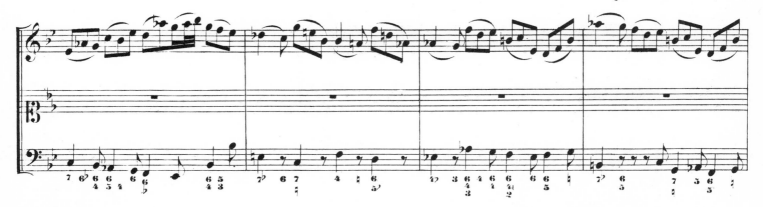

Dal Segno.

RECITATIVO.

Wie, hast du dich, mein Gott, in meiner Noth, in meiner Furcht und Za_gen, denn ganz von mir gewandt? Ach! kennst du nicht dein Kind? Ach! hörst du nicht die Kla_gen von de_nen, die dir sind mit Bund und Treu' ver_wandt? Du warest meine Lust, und bist mir grausam worden! Ich suche dich an allen

Or_ten, ich ruf', ich schrei' dir nach,_ allein, mein Weh und Ach, scheint jetzt, als sei es dir ganz un_be_wusst.

ARIA.
Largo.

Violino I.

Violino II.

Viola.

Tenore.

Fagotto,
Organo e Continuo.

piano

piano

piano

Bä_che von ge_salz_nen

piano

her, _____ stets, stets ein _ her, Bä _ che von ge _ salznen Zähren, Flu_then rauschen stets ein_

her, Fluthen rauschen stets ein _ her, rau_schen stets, stets ein _ her!

forte

Allegro *(un poco).*

Sturm und Wellen mich ver_seh _ _ _ _ _ _ _

_ ren, Sturm und Wellen mich ver_seh _ _ _ _ _ _ _ ren, mich ver_seh _

Adagio.

piano

piano

piano

ren.

piano

Und dies trüb_sal_vol_le Meer will mir Geist und Le_ben

piano

schwächen, Mast und An _ ker wol _ len bre _ chen, wol _ _ _ len bre _ chen! Hier versink' ich in den

Grund, _ _ _ _ _ dort seh' ich der Höl _ le Schlund: _ _ _ Bä _ che von ge _ salz _ nen

Zäh _ _ _ _ _ _ _ ren, _

forte

forte

forte

forte

Dal Segno.

ist, dass er mei_nes An_ge _ sich_tes Hül_fe, und mein Gott ist, dass er mei _ nes An_ge_sichtes
ist, mei_ _ nes An_ge_ sich_tes Hül_fe, und mein Gott ist, dass er meines An_ge_sichtes
ist, dass_ er meines An_ge_sichtes Hül_fe, und mein Gott, mein Gott ist, mei_ _ nes An_ge_
ist, dass er mei_ nes An_ge_sichtes Hül_fe, und mein Gott ist, dass er mei _ nes An_ gesichtes
Adagio.
Hül_fe, und mein Gott ist, und mein Gott ist.
Hül_fe, und mein Gott, mein Gott ist, und mein Gott, mein Gott ist.
sich_tes Hül_fe, und mein Gott ist, und mein Gott ist.
Hül_ _ _ fe, und mein Gott ist, und mein Gott ist.

SECONDA PARTE.

RECITATIVO.

bin dein treu _ er' Freund, der auch im Dunkeln wacht, wo lau _ ter Schal _ ken seind.

Brich

doch mit dei _ nem Glanz und Licht des Tro _ stes ein!

Die Stun _ de kom _ met schon, da

a tempo.

dei _ nes Kampfes kron' dir wird _____ ein sü _ _ _ sses Lab _ sal _ sein.

DUETTO.

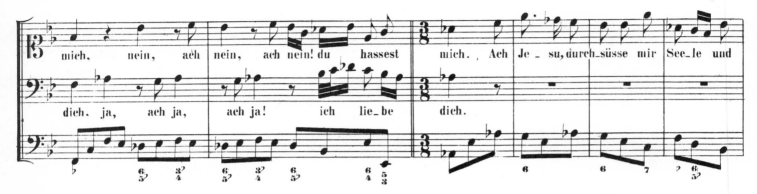

82

84

88

ARIA.

Tenore.

Organo e Continuo.

Er _ freu _ e dich See _ le, er _ freu _ e dich Her _ ze,

er _ freu _ e dich See _ le, er _ freu _ e dich Her _ ze, ent _

wei _ che nun Kum _ mer, ver _ schwin _ de du Schmer _ ze, ent _ wei _ che nun Kummer, ver _ schwin _ de du

Schmerze! Er _ freu _ e dich See _ le, er _ freu _ e dich Her _ ze, er _

freu _ e dich See _ le, er _ freu _ e dich Her _ ze, ent _ wei _ che nun Kum _ mer, ver _ schwin _ de du

Schmer _ ze, ent _ wei _ che nun Kum _ mer, ver _ schwin _ de du Schmerze, ent _ wei _ che nun

Kum_mer, ver_schwin_de du Schmer_ze!

Ver_wan_dle dich Wei_nen in

lau_te_ren Wein, ver_wan_dle dich Wei_nen in lau_te_ren Wein, es

wird nun mein Aech_zen ein Jauch_zen nur sein!

Es bren_net und flam_met die rei_ne_ste Ker_ze der

Lie_be, des Tro_stes in See_le und Brust, weil Je_sus mich trö_stet mit

himm_li_scher Lust, weil Je_sus mich trö_stet mit himm_li_scher Lust.

Da Capo.

Allegro.

Lob,   und   Eh _ re,   und Preis,   und Ge_

Preis,   und Gewalt   sei   unserm Gott von E _ wigkeit zu   E _ _ wigkeit. A _ _ _ _ _ _ _ _ _ _

99

ja, Al_le_lu_ja! Amen, A _ _ _ _ _ men. Lob, und

Lob, und Eh_re, und Preis, und Gewalt sei unsermGott von E_wigkeit zu E _ _ wigkeit. A _ _

keit. A _ _ _ _ _ _ _ _ _ _ _ _ men, Al_le_lu_

men, Al_le_lu_ja, Al_le_lu _ ja, Al _ le _ lu _ ja, Al_le_lu _ ja, Al _ le lu _ ja, Al_le_lu_

men, Al_le_lu_ja! Amen, A - - - men, Amen, Amen, Al_
le_lu_ja, Al_le lu - ja, Al_le_lu_ja! A - - - men, Amen, A_men, Amen, Amen, Al_
le_lu_ja, Al_le lu - ja, Al_le_lu_ja! A - - men, A - - - men, A_men, Amen, Amen, Al_
Ewigkeit zu E - wig_keit. Al_le_lu_ja! A - - - - - - men, Amen, A - - - - - -
7 6 7 8
6 6 6 4 5 3

Dominica 15 post Trinitatis et in ogni Tempo.
„Jauchzet Gott in allen Landen."

jauch_zet, jauch _ _ _ _ _ _ _ _ _ _ _ zet, jauch _ _ _ _ _ _ zet Gott in al _ len Lan _ _ den,

in al _ len Lan _ _ _ _ _ _ _ _ _ _ _ _ _ _ _

Was der Him _ mel und die
piano

Welt an Ge_schö_pfen in sich hält, müs_se des_sen Ruhm er_hö _ _ _ _ _ _
piano
piano

_ hen, müs_se des_sen Ruhm er_ho _ _ _ _

Dal Segno.

RECITATIVO.

Wir be_ten zu dem Tempel an, da Gottes Eh_re wohnet, da des_sen Treu', so täglich

neu, mit lauter Se_gen lohnet. Wir preisen, was Er an uns hat ge_than. Muss

gleich der schwa _ che Mund, der schwa _ che Mund von sei _ nen Wun _ dern lal _ _ _ _ _ _ _ len, so kann ein schlechtes Lob ihm _ dennoch wohl _ ge _ fal _ len.

Muss gleich mein schwa _ _ _ cher Mund, mein schwa _ _ _ _ cher Mund von sei _ nen Wundern lal _ _ _ _ _ _ _ _ _ len, so kann ein schlechtes Lob ihm den _ noch wohl _ ge _ fal _ len.

ARIA.

Soprano.

Continuo.

Höch _ _ _ ster,
piano

Höchster, ma _ che dei _ ne Gü _ te fer _ ner al _ le Mor _ gen neu, al _ _ _ le Mor _

Dal Segno.

CHORAL.

li _ gem Geist!

forte

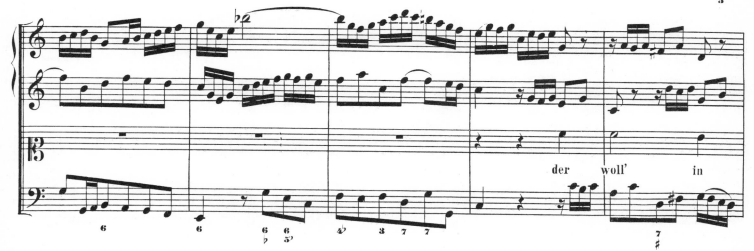

der woll' in

uns ver _ meh _ _ _ _ ren,

was

piano

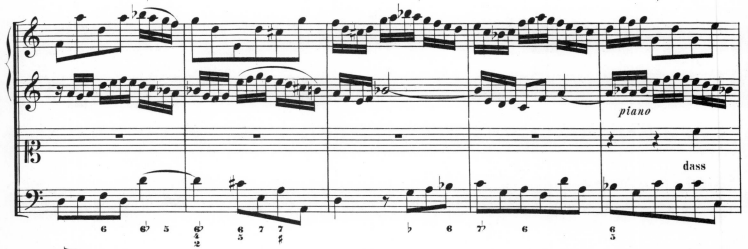

gänz_lich ver_lass'n auf ihn,

von Her_zen auf ihn

bau_en, dass uns'r Herz,

Muth _____ und Sinn

forte

ihm fe _ _stig _lich an _ han _ _ _

gen;

drauf sin _ _ _gen wir zur Stund':

A __ men! wir werd'ns er __ lan _____ gen,

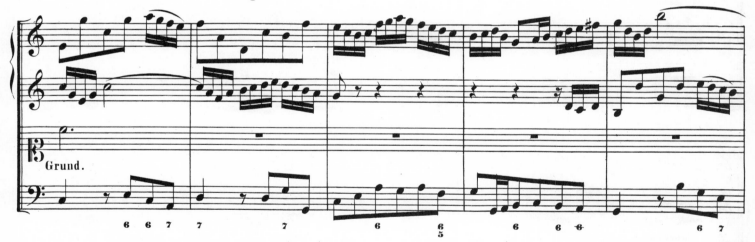

glaub'n wir aus Her _____ zens

Grund.

Dominica 19 post Trinitatis.
„Ich will den Kreuzstab gerne tragen."

ARIA.

Oboe I.
Violino I.

Oboe II.
Violino II.

Taille.
Viola.

Basso.

Continuo.

piano

piano

Ich will den Kreuz-stab ger — ne tra — —

- - - - gen, den

Kreuz_stab, _____ ich will den Kreuzstab, den Kreuz_stab ger_ne tra _ _ _ _ _ _ gen, er kommt,

_____ er kommt von Got_tes lie_ber Hand, er kommt von Got _ _ _ tes lie_ber Hand;

ich will den Kreuzstab _____ ger _ _ ne tra _ _ _ _ _ _ _ _ _

_ _ _ _ _ _ gen, er kommt _____ von Got _ tes lie _ ber Hand;

der füh_ret mich _____ nach mei_nen Pla _ _ _ _ _ _ _ _ _ _ _ _ _ _

_ _ _ _ _ _ _ _ _ gen, der füh _ _ _ _ ret mich nach meinen

Pla _ _ _ _ _ _ _ _ _ gen zu Gott, _ zu Gott, in das ge _ lob _ te Land,

der füh _ ret mich _ nach mei_nen Pla _ _ _ gen zu Gott, _ in das ge_lobte

Land, der füh _ ret mich nach _ mei _ nen Pla _ _ _ _ _

138

gen zu Gott, in das ge_lob_te Land.

Da leg' ich den Kum-mer auf einmal in's Grab, da wischt mir die Thränen mein

Heiland selbst ab, da leg' ich den Kummer auf einmal in's Grab, da wischt mir die Thränen mein Hei-land selbst

ab, da leg' ich den Kummer auf

einmal in's Grab, da wischt mir mein Heiland die Thränen selbst ab, da leg' ich den Kummer auf

ein_mal in's Grab, da wischt mir die Thränen mein Heiland selbst ab, da wischt

mir die Thrä _ _ _ _ _ _ _ nen mein Hei_land selbst ab.

Dal Segno.

RECITATIVO.

Mein Wandel auf der Welt ist ei_ner Schifffahrt gleich; Be_trüb_niss,

Kreuz und Noth sind Wel _ _ _ _ len, welche mich be _ _de_cken und auf den Tod mich

täg_lich schrecken. Mein Anker a_ber, der mich hält, _____ ist die Barmher_zig_keit, womit mein

Gott mich oft er_freut. Der ru_fet so zu mir: Ich bin bei dir, ich

will dich nicht ver_las_sen, noch ver_ _säu_men! Und wenn das wü_then_vol_le Schäumen sein En_de

hat, so tret' ich aus dem Schiff in mei_ne Stadt, die ist das Him_mel_reich, wo_

hin ich mit den Frommen aus vie_____ler Trüb_sal wer_de kom_men.

ARIA.

Oboe Solo.

Basso.

Continuo.

End_lich, end __ lich

144

chen müs _ sen.

Da krieg' ich   in dem Herren Kraft,

da hab' ich Adlers Eigen_schaft,   da fahr' ich " auf von die_ser   Er_ _den

im Lau_fe, sonder matt zu wer_den. O! gescheh' es heute noch, o!

gescheh' es heute noch, o! gescheh' es heu_te, o! gescheh' es heute noch,

o! ge_scheh' es heu_te, heu_te, ge_scheh' es heu_te noch!

Da Capo.

RECITATIVO.

Ich ste_he fer_tig und be_reit, das Er_be mei_ner Se_lig_keit mit Sehnen und Ver_

Adagio.

langen von Je_su Händen zu em_pfangen. Wie wohl wird mir geschehn, wenn ich den Port der Ruhe werde sehn.

Da leg'ich den Kummer auf einmal in's Grab, da wischt mir die Thränen mein Heiland selbst ab, _____ da wischt mir die Thrä_

_ _ _ _ _ _ _ _ _ _ _ _ _ _ nen mein Heiland selbst ab.

CHORAL.

Soprano.
Oboe I. II. Violino I.
col Soprano.

Komm, o Tod, du Schla_fes Bru__der, komm, und füh_re mich nur fort;
lö__se mei_nes Schiffleins Ru__der, brin_ge mich an si_chern Port.

Alto.
Violino II. coll'Alto.

Komm, o Tod, du Schlafes Bru__der, komm, und füh_re mich nur fort;
lö__se meines Schiffleins Ru__der, brin_ge mich an si_chern Port.

Tenore.
Taille, Viola col Tenore.

Komm, o Tod, du Schlafes Bru__der, komm, und füh_re mich nur fort;
lö__se mei_nes Schiffleins Ru__der, brin_ge mich an si_chern Port.

Basso.

Komm, o Tod, du Schlafes Bru__der, komm, und füh_re mich nur fort;
lö__se mei_nes Schiffleins Ru__der, brin_ge mich an si_chern Port.

Continuo.

Es mag, wer da will, dich scheu__en, du kannst mich viel_mehr er_

freu___en; denn durch dich komm' ich hin__ein zu dem schön_sten Je_su_lein.

Dominica 1 Adventus Christi.
„Nun komm, der Heiden Heiland."

OUVERTURE.

Melodie: „Nun komm, der Heiden Heiland."

Nun komm, der Hei — den — Hei — land,

der Jung _ frau _ en Kind er _ kannt,

der Jung _ frau _ en Kind er _ kannt,

der Jung _ frau _ en Kind er _ kannt,

der Jung _ frau _ en Kind er _ kannt,

Gai.

dess sich wun_dert al _ _ le Welt, al _ le Welt, al _ le Welt, dess sich

dess sich wun _ dert al _ _ le Welt, al _ le Welt, al _ le Welt, dess sich

dess sich wun _ dert al _ _ le Welt, al _ le,

dess sich wun _ dert al _ _ le

RECITATIVO.

Der Hei-land ist ge-kom-men, hat un-ser ar-mes Fleisch und Blut an sich ge-

nom-men, und nim-met uns zu Bluts-ver-wand-ten an. O! al-ler-höch-stes

Gut, was hast du nicht an uns ge-than? Was thust du nicht noch täg-lich an den

(Arioso)

Dei-nen? Du kommst und lässt dein Licht, du kommst und lässt dein Licht mit vol-lem Se-gen

schei-nen, du kommst und lässt dein Licht mit vol-lem Se-gen schei-nen, mit

vol-lem Se-gen schei-nen.

ARIA.

Violino I.II.
Viola I.II.

Tenore.

Organo e
Continuo.

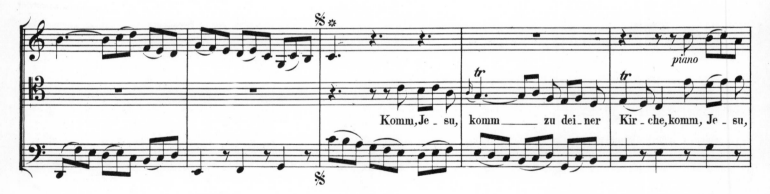

Komm, Je_su, komm_____ zu dei_ner Kir_che, komm, Je_su,

komm_____ zu dei_ner Kir_che, und gieb ein se_lig neu_es Jahr, komm,_____ komm,

✽ Diese Note fällt beim *Da Capo* weg.

komm zu dei _ ner Kir _ che, komm, Je _ su, komm, komm, Je _ su, komm____ zu dei _ ner Kir_che, komm,

komm,   komm,   und gieb ein se _ _ _ _ _ lig neu_es Jahr, und gieb ein se _ lig neu_es

forte

Jahr.

Be_för_dre dei _ _ nes Namens Eh _ re, er_hal_te die_____ ge_sun_de

piano

Leh _ re, und seg_ne Kanzel und_____ Al _ tar.

forte

Be_fördre dei _ _ nes Na_mens

piano

Eh _ re, er_hal_te die_____ ge_sun_de Leh _ re, und seg _ ne Kan_zel und _____ Al _tar, und seg_ne

piano

piano

Kan _ zel und Al _tar, und seg_ne Kan _ zel und Al_tar, und seg_ne Kan_ zel und Al_tar.

Da Capo dal Segno.

ARIA.

Soprano Solo.

Violoncelli (coll' Organo).

Öffne dich,

mein gan _ zes Her _ _ ze, öffne dich, mein gan _ zes Her _ ze,

Je _ sus kommt und zie _ het ein, Je _ sus kommt und zie _ het ein.

Öffne dich, öffne dich, mein gan _ zes Her _ _ ze,

Je _ sus kommt und zie _ _ het ein, Je _ sus kommt und zie _ _ het ein.

(Fine)

Adagio.

Bin ich gleich nur Staub und

Er _ de, will er mich doch nicht ver _ schmähn, sei _ ne Lust an mir zu sehn, dass ich sei _ _ _ ne Woh _ nung

Dominica 14 post Trinitatis.
„Jesu, der du meine Seele."

166

(forte)
forte
forte
forte
forte
forte
forte
piano
piano
piano
forte
forte
forte
piano
durch dein an - - ge - neh - - mes
durch dein an - - ge - neh - - mes Wort, durch dein an - - ge -
durch dein

Organo in 8va alta
piano
piano
piano
piano
piano
piano
sei doch jetzt, o
sei doch jetzt, o Gott, mein Hort, o Gott,

ARIA. DUETTO.

178

Da Capo.

ARIA.

Flauto traverso.

Tenore.

Continuo.

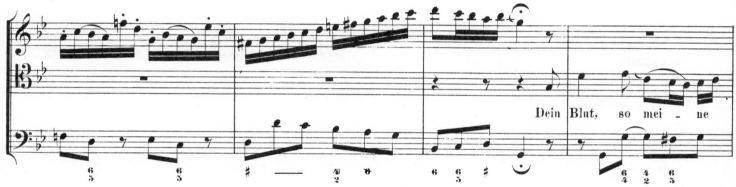

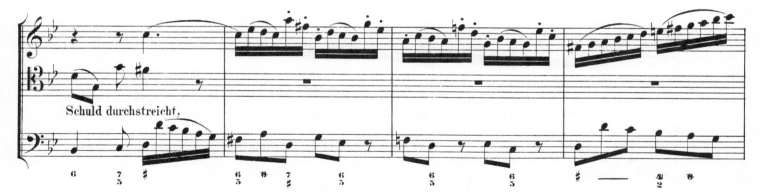

wie _ der leicht,   macht mir das Her_ze   wie _ der leicht   und spricht mich frei, und spricht

mich frei.

Ruft mich der Höl _ len Herr zum Strei_te, zum Strei_te,   zum

Strei_te,   zum Strei _ _ _ _ _ te, so ste _ het Je _ sus

mir zur Sei_te, dass ich beherzt,   beherzt,   beherzt und   sieg _ _ _ haft, beherzt

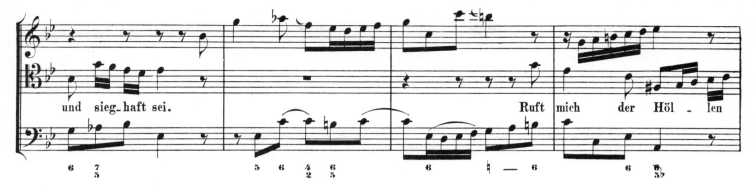

und sieg_haft sei.   Ruft mich der Höl _ len

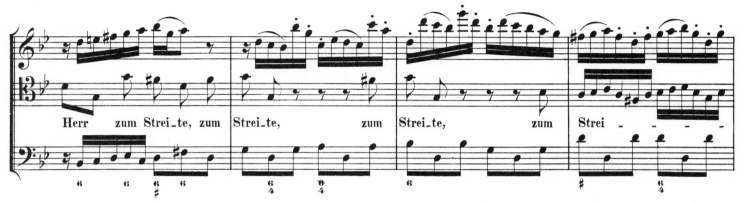

Herr zum Strei_te, zum Strei_te,   zum Strei_te,   zum Strei _ _ _

_ _ _ te, zum Strei _ _ _ _ _ te, so ste _ _ _ _

_ _ _ _ _ _ het Je _ sus, so ste_het Je _ sus

mir zur Sei_te, dass ich beherzt,   beherzt, dass ich be_herzt, ich beherzt und sieg_haft sei.

Dal Segno.

RECITATIVO.

Die Wunden, Nägel, Kron' und Grab, die Schläge, so man dort dem Heiland gab, sind ihm nunmeh_ro Sie-ges-zei_chen, und kön_nen mir er_neu_te Kräf_te rei_chen. Wenn ein er_schreck_liches Ge_richt den Fluch für die Verdammten spricht: so kehrst du ihn in Se-gen. Mich

Kreuz ver-gos-sen ist, geb' ich dir, Herr Je-su Christ.

ARIA.

Oboe I.

Violino I.

Violino II.

Viola.

Basso.

Continuo.

piano

forte

piano

forte

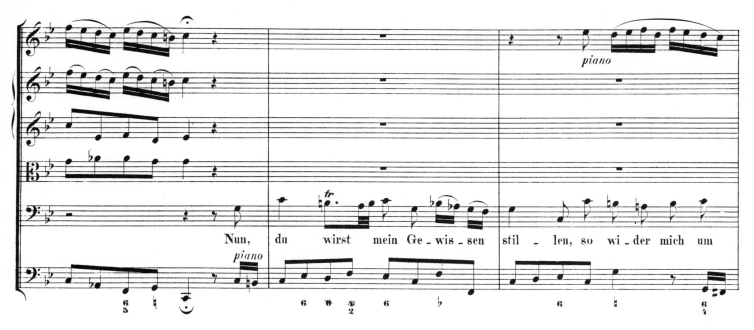

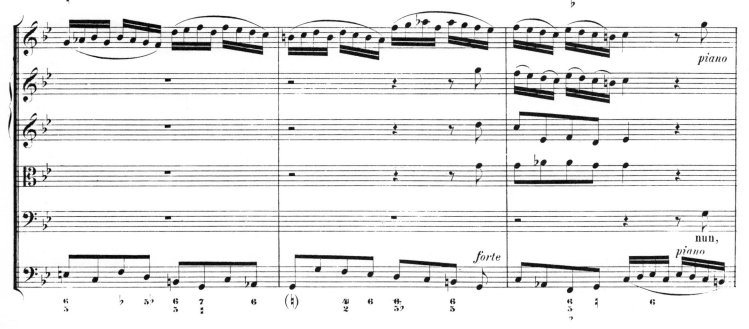

du wirst mein Ge_wis_sen stil _ len, so wi_der mich um Ra _ _ _ che, um Ra_che

schreit, ja, dei _ ne Treu_e wird's er_fül _ len, weil mir dein Wort die Hoff _ _ _

_ nung beut, weil mir dein Wort die Hoff _ _ _ _ _ _ _ nung, die Hoffnung

glau _ _ ben,wenn Christen an dich glau _ ben,wird sie kein Feind in E _ _ _ _ _ _

_ _ _ _ _ wig_keit aus dei _ nen Händen rau _ _ _

_ ben. aus dei _ nen_____ Hän _ _ den rau _ ben.

Wenn Chri _ sten an dich glau _ _ _ ben, wird sie kein Feind in E _ wig _ keit aus

dei _ nen Hän _ den rau _ _ _ _ _ _ ben, kein Feind in E _ _ _

_ wigkeit aus dei _ nen Händen rau _ _ _ _ _ _ ben.

Dal Segno.

Festo Reformationis.
„Ein' feste Burg ist unser Gott."

Melodie: „Ein' feste Burg."

202

er hilft

er hilft _____ uns frei aus al _ ler Noth, die

al _ ler Noth, die uns jetzt hat be _ trof _ _ _ _ _

Noth, aus al_ler Noth, die uns jetzt hat be_trof - - - - - fen; er hilft
_fen; er hilft uns frei aus al_ler Noth, aus al_ler
_ _fen, die uns jetzt hat be_trof - - - - - fen;
die uns jetzt hat be_trof - - - - - fen;

208

al - ler Noth, die uns jetzt hat be - trof - - - - - fen.

___ uns frei aus al - ler Noth, die uns____ jetzt hat____ be-trof - - - fen.

- - - - ler Noth, aus al - ler Noth, die uns jetzt hat be - trof - - fen.

die uns jetzt hat be - trof - - fen.____ Der

sein' grau_sam' Rü _ stung, sein' grau_sam' Rü _ stung ist;

grau _ _ sam' Rü _ stung ist, sein' grau _ sam' Rü _ stung ist;

Rü _ stung ist, sein' grausam' Rü _ _ _ _ stung ist; auf Erd'

sein' grau_sam' Rü _ stung ist, sein' grau_sam' Rü _ stung ist;

224

Mann,   den

bo _ ren, Al _ les, was von Gott ge _ bo _ ren,   ist zum Sie _ gen aus _ er _ ko _ _ _

Gott selbst hat   er _ ko _ _ _ _ _ ren.

_ ren, zum Sie _ gen aus _ erko _ ren, ist zum Sie _ gen aus _ er _ ko _

Fragst   du,

_ _ _ _ ren, zum Sie _ gen   aus _ erko _ ren.   Wer bei Chri _ sti

das Feld ___ muss er be -

Al - _ les, was von Gott ge _ bo _ ren, Alles, was von Gott ge_

hal - - - - - - - -

bo _ ren, ist zum Sie _ gen aus _ er _ ko - - - - ren, zum Sie _ gen aus _ er _ ko _

ren.

234

ARIA.

Soprano.

Continuo.

Komm in mein Her_zens-

Haus, ___ komm in mein Her_zens - Haus, ___ Herr Je_su, mein Ver-

lan - - - - - - -

- gen, Herr Je _ su, mein Ver_lan - gen!

Treib' Welt und Sa _ tan aus, ___ treib' Welt und Sa _ tan aus, ___ und lass dein Bild in

mir er _ neu - - - - - -

235

_ert pran_gen.

Weg,

schnö_der Sün_den Graus!_____ weg, schnö_der Sün_den Graus, weg, weg!

weg, weg! weg, weg, weg, weg, schnöder Sün_den Graus, weg, weg,

schnöder Sün_den Graus!___ Komm in mein Her_zens - Haus,___

komm in mein Her_zens - Haus,___ Herr Je _ su, mein Ver_lan _ _ _ _ _

_gen,Herr Je _ su,mein Ver_lan _ gen!

CHORAL.

Tromba I.

Tromba II.

Tromba III.

Timpani.

Oboe d'amore I.

Oboe d'amore II.

Taille.

Violino I.

Violino II.

Viola.

Soprano, Alto,
Tenore, Basso
in unisono.

Continuo..

Soprano ed Alto in 8va Melodie: „Ein' feste Burg."
Tenore col Basso.

Und wenn die Welt voll

Teu - fel wär',

238

und woll ten uns ver schlin

gen,

80 fürch _ ten

241

der Fürst die____ser

Welt,

wie saur er sich stellt,

thut er uns doch nichts,

das

macht, er ist ge - - richt't;

ein Wört — lein kann ihn — fäl — — — len.

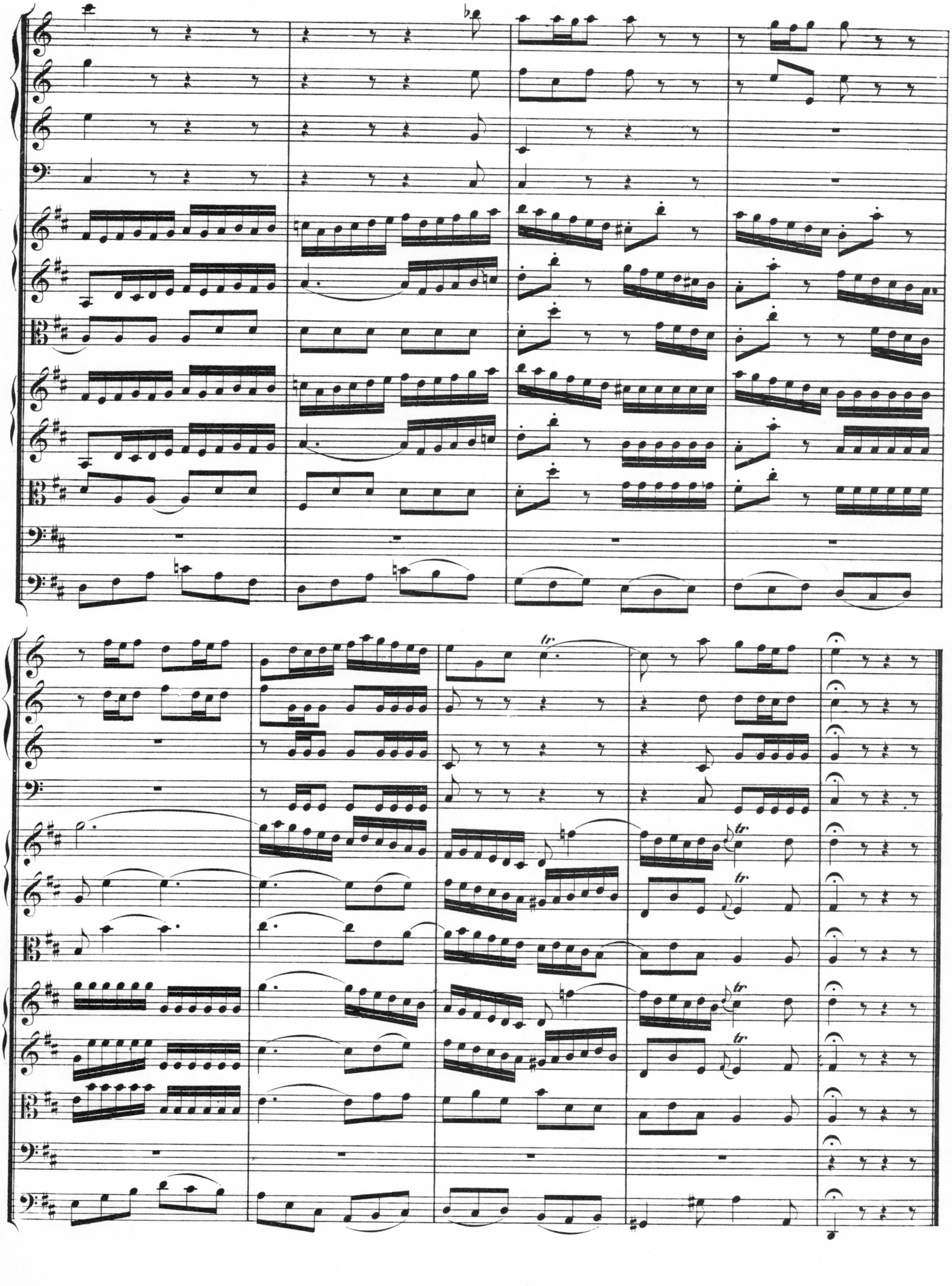

RECITATIVO.

Tenore.

So ste_he denn bei Chri_sti blut_ge_färb_ter Fah_ne, o See_le,___ fest, und glau_be, dass dein Haupt dich nicht ver_lässt, j dass sein Sieg auch dir den Weg zu dei_ner Kro_ne bah_ne. Tritt freu___dig an den Krieg! Wirst du nur Got_tes Wort so hö_ren als be_wah_ren, so wird der Feind ge_zwun___gen aus_zu_fahren, dein

Continuo.

(Arioso.)

Hei_land bleibt dein Heil, dein Hei_land bleibt dein Hort, dein Hei_land bleibt dein Heil,___ dein Heiland bleibt dein Hort.

DUETTO.

Oboe da caccia.
(in F)

Violino.

Alto.

Tenore.

Continuo.

Wie se _ lig sind doch

Wie se _ lig sind doch

N/AN/AN/AN/A

doch sel'_ger ist das

doch sel'_ger ist das

Herz,

Herz,

doch sel'_ger ist das Herz, das ihn im Glau_

doch sel'_ger ist das Herz, das ihn im Glau _ _ _ _ _ _

_ _ ben trägt, im Glau_ben trägt,_

_ _ ben trägt,_

doch sel'_ger ist das Herz, das ihn im Glau_ben

252

das ihn im Glau_ben trägt,das ihn im Glau_ben trägt.

trägt,_____ das ihn im Glauben trägt,im Glau_ben trägt.

Es blei_ _ _

Es bleibet un_be_

_ _ _ _ _ _ _ _bet, es blei_bet un_be_

siegt und kann die Fein_de schla _ _ _ gen, es blei _ _ _

siegt und kann die Fein _ de schla _ _ _ gen,

_ _ _ _ _ _ _ bet,

es blei _ bet un _ be _ siegt und kann die Fein _ de schla _ _ _

es blei _ bet un _ be _ siegt und kann die Fein _ de schla _ _ _

_ gen, und kann die Fein _ de schla _ gen, und wird zuletzt ge _ krönt, und wird zuletzt ge _

_ gen, und kann die Fein _ de schla _ gen, und wird zuletzt ge _ krönt, und

krönt, wenn es den Tod er_legt,den Tod er_legt,_____ wenn es den Tod,den Tod er_legt.

wird zuletzt ge_krönt, wenn es den Tod er_legt,den Tod er_legt,_____ den Tod er_legt.

Dal Segno.

CHORAL. Melodie: „Ein' feste Burg."

Das Wort sie sol_len las_sen stahn und kein'n Dank da_zu ha_ben. Neh_men sie uns den
Er ist bei uns wohl auf dem Plan mit sei_nem Geist und Ga_ben.

Das Wort sie sol_len las_sen stahn und kein'n Dank da_zu ha_ben. Neh_men sie uns den
Er ist bei uns wohl auf dem Plan mit sei_nem Geist und Ga_ben.

Das Wort sie sol_len las_sen stahn und kein'n Dank da_zu ha_ben. Neh_men sie uns den
Er ist bei uns wohl auf dem Plan mit sei_nem Geist und Ga_ben.

Das Wort sie sol_len las_sen stahn und kein'n Dank da_zu ha_ben. Neh_men sie uns den
Er ist bei uns wohl auf dem Plan mit sei_nem Geist und Ga_ben.

Leib, Gut, Ehr', Kind und Weib, lass fah_ren da_hin, sie haben's kein'n Ge_winn; das Reich muss uns doch blei_ben.

Leib, Gut, Ehr', Kind und Weib, lass fah_reu da_hin, sie haben's kein'n Ge_winn; das Reich muss uns doch blei_ben.

Leib, Gut, Ehr', Kind und Weib, lass fah_ren da_hin, sie ha_ben's kein'n Ge_winn; das Reich muss uns doch blei_ben.

Leib, Gut, Ehr', Kind und Weib, lass fah_ren da_hin, sie haben's kein'n Ge_winn; das Reich muss uns doch blei_ben.

Festo Purificationis Mariae.
„Ich habe genug.“

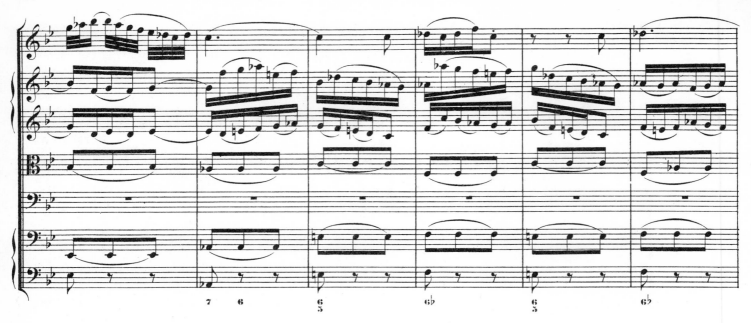

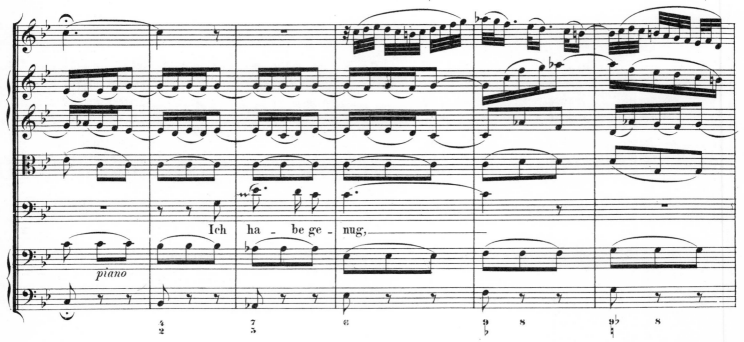

Ich ha _ be ge _ nug,

piano

ich ha _ be ge _ nug, _____ ge _ nug, ich ha _ be ge _ nug,

ich ha _ be den Hei _ land, das Hof _ fen der From-men auf mei _ ne be _ gie _ ri _ gen

Ar _ me ge _ nom _ _ _ men; ich ha _ be ge _ nug, _____ ich

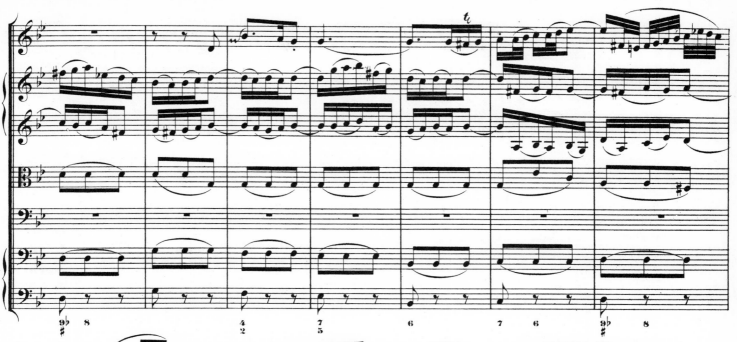

Ich hab' ihn er _ blickt,

mein Glau_be hat Je _ sum an's Her _ ze ge _ drückt,   ich   ha _ be ge_

Dal Segno.

Schlum _ mert ein, ihr

mat _ ten Au _ gen, fal _ let sanft und se _ lig zu, schlum _ mert ein, schlum _ mert ein,

schlum _ mert ein, ihr mat _ ten Au _ gen, fal _ let sanft und se _ lig zu, schlum _ _ _

_mert ein, ihr mat _ ten Au _ gen,____ fal _ let sanft und se _ lig zu,____

fal _ _ let sanft__ und se _ lig zu.

forte

tau - gen. Schlum - mert ein, _____ schlum-

_ mert ein, schlum - mert ein, schlum-mert ein, ihr mat - ten Au - gen, fal - let sanft und

se - lig zu, schlum - - - mert ein, ihr mat - ten Au - gen, ___ fal - let sanft und

hier muss ich das E_lend bau_en, a_ber dort, dort werd' ich schauen sü_

ssen Frie_den, stil_le Ruh', sü_ssen Frie_den, stil_le Ruh'.

Adagio.

piano

pianissimo

Da Capo.

RECITATIVO.

Basso.

Mein Gott! wann kommt das schö_ne: Nun! da ich in Frie_den fah_ren

Organo e Continuo.

wer_de, und in dem San_de küh_ler Er_de, und dort, bei dir, im Schoo_sse

Arioso.
Adagio.

ruhn? Der Ab_schied ist ge_macht. Welt! gu_te Nacht.

ARIA.
Vivace.

- e mich auf meinen Tod, ach! hätt' er sich schon ein _ ge _ fun _ den, ach! hätt' er

sich schon ein _ ge _ fun _ den, ach! hätt' er____ sich schon ein _ ge _ fun _ den; ich freu _ e

mich auf mei _ nen Tod, ach! hätt' er sich schon ein _ ge _ fun _ den.

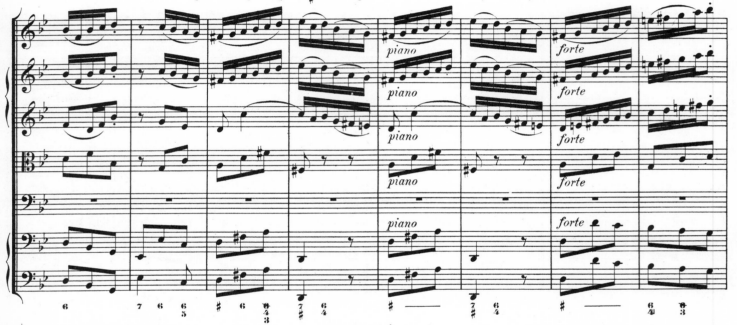

Da ent_komm' ich al_ler Noth, da ent_komm' ich al_ler Noth, die__

Tod, ach! hätt' er sich schon ein - ge-fun - den.

Actus tragicus.
„Gottes Zeit ist die allerbeste Zeit.“

SONATINA.
Molto Adagio.

Adagio assai.

In ihm ster_ben wir zu rech_ter Zeit, in ihm sterben wir, in ihm

In ihm ster_ben wir zu rechter Zeit, in ihm ster_ben

In ihm ster_ben wir zu rech_ter Zeit, in ihm ster_ben

In ihm ster_ben wir zu rech_ter Zeit, in ihm ster_ben

Lento.

(Psalm **90**, V. **12**.)

ster_ben wir, in ihm ster_ben wir zu rech_ter Zeit, wenn er will.

wir, in ihm ster _ ben wir, sterben wir zu rech_ter Zeit, wenn er will.

wir, in ihm ster _ ben wir, sterben wir zu rech_ter Zeit, wenn er will.

wir, in ihm ster _ ben wir, sterben wir zu rechter Zeit, wenn er will.

dass,   auf dass wir klug wer _ den.

Vivace.

(Jesaia Cap. 38, V. 1.)

Be _ stel_le dein Haus!

_dig, und nicht le _ ben _

dig blei _ _ ben. Be _ stel _ le dein Haus!

komm, ja komm, Herr Je_su, komm, ja komm, Herr Je _ su, ja, ja, ja komm, Herr Je _ su, ja, ja, ja,

ja. Herr Je_su, komm, ja, ja, ja komm. Herr Je _ su, komm, Herr Je_su, komm!

Hände be_fehl' ich mei_nen Geist, in dei_ne Hände, in dei_ne Hän_de be_

fehl' ich mei_nen Geist; du hast mich er_lö_set, du hast mich er_lö_set, Herr, du ge_treu_er

Gott. In dei_ne Hände, in dei_ne Hände, in dei_ne Hän_de be_

fehl' ich mei_nen Geist; du hast mich er_lö_set, du hast mich er_lö_set, Herr, du ge_treu_er

Gott, du hast mich er_lö_set, du hast mich er_lö_set, Herr, du ge_treuer Gott, Herr,

Basso Solo. (Evangelium St. Lucae Cap. 23, V. 43.)

da ge _ treu _ er Gott, ge _ treu _ er Gott.

Heu _ te, heu _ te wirst du mit mir, heu _ te, heu _ te wirst du mit mir, mit mir, mit

mir im Pa _ ra _ dies, _____ im Pa _ ra _ dies, im Pa _ ra _ dies sein, im Pa _

_ ra _ dies, _____ im Pa _ ra _ dies, _____ im Pa _ ra _ dies, im Pa _ ra _ dies

sein; heu _ te, heu _ te wirst du mit mir, _ heu _ te, heu _ te wirst du mit mir, mit mir im Pa _ ra _ dies

in Got_____tes Wil_____

mir im Pa_ra_dies,im Pa_ra_dies, mit mir im Pa_____ra_dies, im Pa_ra_dies

_len, ge_____trost ist

sein, im Pa_____ra_dies,_____ im Pa_____ra_dies sein, heu_te,heu_te wirst du mit

mir mein Herz_____ und

mir im Pa_ra_dies,_____ im Pa_____ra_dies, heu_te wirst du mit mir im Pa_ra_dies

Sinn, sanft und stil _ _ _ _

sein, im Pa _ ra _ dies sein!

le,

wie Gott mir ver _ _ hei _ _ ssen

Flauto I.

Flauto II.

Viola da gamba I.

Viola da gamba II.

Soprano.

Alto.

Tenore.

Basso.

Continuo.

piano forte

(Melodie: „In dich hab' ich gehoffet, Herr!" in veränderter Weise.)

Glo_rie, Lob, Ehr'_____ und Herr_ _lichkeit sei dir, Gott Va_ter und

Glo_rie, Lob, Ehr'_____ und Herr _ lich _ keit sei dir, Gott Va_ter und

Glo_rie, Lob, Ehr'_____ und Herr_ _lichkeit sei dir, Gott Va_ter und

Glo_rie, Lob, Ehr'_____ und Herr _ lich _ keit sei dir, Gott Va_ter und

*) Man lese:

Allegro.

Dominica 27 post Trinitatis.
„Wachet auf, ruft uns die Stimme."

(NB. Der Cantus firmus: „Wachet auf, ruft uns die Stimme" im Sopran.)

frau_en, wo seid ihr klu _ gen Jung_frau _ en, wo, wo?

_ _ frau'n, wo seid ihr, ihr klu _ genJung_frau _ en, wo, wo?

en, wo seid ihr klu _ gen Jung _ frau _ en, wo, wo?

kommt,
steht
kommt, wohl auf, wohl auf!
steht auf, steht auf!
auf, wohl auf, wohl auf!
steht auf, steht auf, steht
kommt, wohl auf, wohl auf!
steht auf, steht auf! die Lam - pen
auf! die Lam - - pen nehmt.
die Lam - pen nehmt, steht auf, steht auf, steht auf! die Lam - pen nehmt, steht auf, steht
auf, steht auf, steht auf! die Lam - pen nehmt, steht auf, steht auf, steht auf, steht
nehmt, steht auf! die Lam - pen nehmt, steht auf! die Lam - pen nehmt, steht auf, steht

322

324

Dal Segno.

RECITATIV.

Tenore. Er kommt, er kommt, der Bräut'gam kommt! Ihr Töchter Zions, kommt heraus, sein Ausgang

eilet aus der Höhe in euer Mutter Haus. Der Bräut'gam kommt, der einem

Rehe und jungen Hirsche gleich auf denen Hügeln springt, und euch das Mahl der Hochzeit bringt.

Wacht auf, ermuntert euch! den Bräut'gam zu empfangen; dort! sehet! kommt er hergegangen.

ARIE. (Duett.)
Adagio.

Violino piccolo.

Soprano.

Basso.

Continuo.

piano
Wann kommst du, mein Heil?
Ich
wann kommst du, mein Heil, wann
kom - - me, dein Theil, ich kom - me, dein Theil,
kommst du, mein Heil, mein Heil? ich war - - te, ich
ich kom - me, dein Theil, dein Theil, ich kom - me,
war - - te mit brennendem Öle; wann kommst du, mein Heil, wann
ich komme, ich komme, ich kom - me, dein Theil,

Dal Segno.

Vers 2. CHORAL.

(Melodie: „Wachet auf, ruft uns die Stimme.")

Violino I.II. e Viola.

(Violino piccolo tacet.)   *piano*   *forte*

Tenore.

Continuo.   *piano*

forte

Zi _ on

hört die Wäch_ter sin _ _ gen, das Herz thut ihr vor Freu _ den sprin _ _ _

gen, sie wa _ chet, und steht ei _ lend auf.

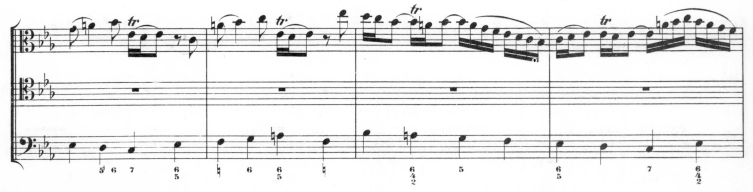

Ihr Freund kommt vom Him _ mel präch _ _ tig,

von Gna _ den stark, von Wahr _ heit mäch _ _ tig,

ihr Licht wird hell, ihr Stern geht auf.

Nun komm, du wer _ the Kron', Herr Je _ su,

Got_tes Sohn   Ho_si_an_na!

wir fol_gen All'   zum

Freu_den_saal,   und hal_ten mit das A_bend_

mahl.

RECITATIV.

Violino I
e Violino piccolo.

Violino II.

Viola.

Basso.

Continuo.

So geh her-ein zu mir, du mir er-wähl-te Braut! Ich ha-be mich mit dir in

E-wigkeit ver-traut. Dich will ich auf mein Herz, auf meinen Arm gleich wie ein Sie-gel se-tzen, und

dein be-trüb-tes Aug' er-götzen. Ver-giss, o See-le, nun die Angst, den Schmerz, den

du er-dul-den müssen; auf mei-ner Linken sollst du ruh'n, und mei-ne Rechte soll dich küssen.

ARIE. (Duett.)

Oboe Solo.

Soprano.

Basso.

Continuo.

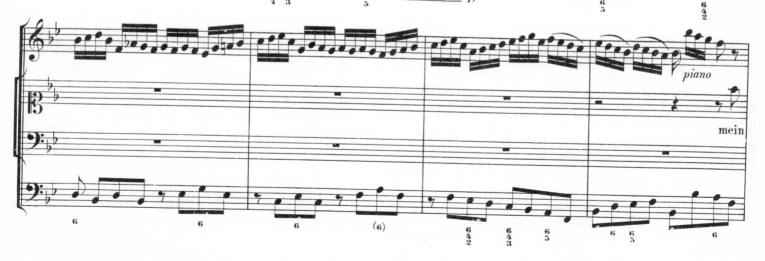

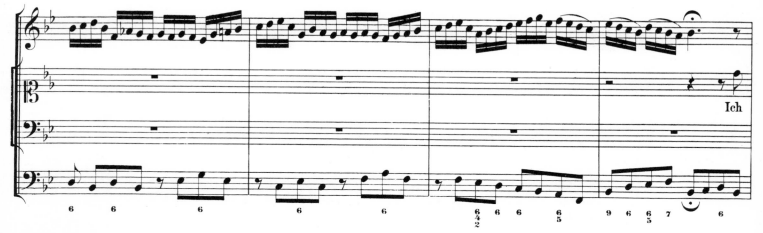

will mit dir, ich will mit dir in Him - mels Ro - - sen

Du sollst mit mir, du sollst mit mir in Him - mels Ro -

wei - - - den, ich will mit dir, ich will mit dir in

- - sen wei - - - den, du sollst mit mir, du sollst mit

Him - mels Ro - sen wei - - - -

mir in Himmels Ro - - - sen wei - - - den, du

- den, ich will ___ mit dir in Him - mels Ro - - sen

sollst mit mir in Him - mels Ro - sen wei - - - -

Da Capo dal Segno.

Vers 3. CHORAL.
(Melodie: „Wachet auf, ruft uns die Stimme.“)

TRANSLATION OF TEXTS

Christ lag in Todesbanden

I.

Christ lag in Todesbanden
für unser Sünd' gegeben,
er ist wieder erstanden
und hat uns bracht das Leben;
dess wir sollen fröhlich sein,
Gott loben und ihm dankbar sein
und singen Hallelujah.

Christ lay in the bonds of Death,
handed over for our sin.
He has risen again
and brought us life;
for which we should be happy,
praise God and be grateful to Him
and sing hallelujah.

II.

Den Tod Niemand zwingen kunnt
bei allen Menschenkindern,
das macht alles unser Sünd',
kein Unschuld war zu finden.
Davon kam der Tod so bald,
und nahm über uns Gewalt,
hielt uns in seinem Reich gefangen.
Hallelujah!

No one was able to overcome Death
among all the children of man;
that was all due to our sin;
no blamelessness could be found.
Therefore Death came so soon
and gained power over us,
held us prisoner in his kingdom.
Hallelujah!

III.

Jesus Christus, Gottes Sohn,
an unser Statt ist kommen,
und hat die Sünde weggethan,
damit dem Tod genommen
all' sein Recht und sein' Gewalt,
da bleibet nichts denn Tod'sgestalt,

den Stach'l hat er verloren.
Hallelujah!

Jesus Christ, Son of God,
came in our stead
and did away with sin;
thereby Death was deprived
of all his right and power;
now nothing remains but the form of
    Death,
he has lost his sting.
Hallelujah!

IV.

Es war ein wunderlicher Krieg,
da Tod und Leben rungen,
das Leben behielt den Sieg,
es hat den Tod verschlungen.
Die Schrift hat verkündiget das,
wie ein Tod den andern frass,
ein Spott aus dem Tod ist worden.
Hallelujah!

It was a curious war
when Death and Life contended;
Life gained the victory,
it swallowed up Death.
The Scripture has proclaimed this,
how one Death gobbled up the other;
Death became a mockery.
Hallelujah!

V.

Hier ist das rechte Osterlamm,
davon Gott hat geboten,
das ist hoch an des Kreuzes Stamm
in heisser Lieb' gebraten,
das Blut zeichnet unser Thür,
das hält der Glaub' dem Tode für,
der Würger kann uns nicht mehr schaden.
Hallelujah!

Here is the true Easter lamb
Concerning which God commanded;
high on the trunk of the cross
it is roasted in fervent love;
its blood marks our door,
faith reproaches Death with it,
the slaughterer can no longer harm us.
Hallelujah!

VI.

So feiern wir das hohe Fest
mit Herzensfreud' und Wonne,
das uns der Herre scheinen lässt,
er ist selber die Sonne,
der durch seiner Gnaden Glanz
erleuchtet unsre Herzen ganz,
der Sünden Nacht ist verschwunden.
Hallelujah!

Thus we celebrate the high feast
with joy of heart and rapture,
the feast which the Lord shows us;
He himself is the sun
which with the glow of His grace
fully illumines our hearts;
the night of sin has vanished.
Hallelujah!

VII.

Wir essen und leben wohl
im rechten Osterfladen,
Der alte Sauerteig nicht soll
sein bei dem Wort der Gnaden,
Christus will die Koste sein
und speisen die Seel' allein,
der Glaub' will keins anderen leben.
Hallelujah!

We live in comfort and eat
the true Passover bread;
the old leaven has no place
beside the word of grace;
Christ wants to be the food
and the soul's only nourishment;
faith does not want to live by anything else.
Hallelujah!

Weinen, Klagen, Sorgen, Zagen

Weinen, Klagen,
Sorgen, Zagen,
Angst und Noth
Sind der Christen Thränenbrod,
die das Zeichen Jesu tragen.

Weeping, lamenting,
Worrying, quaking,
anxiety and distress
are the bread of affliction for Christians
who bear the mark of Jesus.

RECITATIVO:
Wir müssen durch viel Trübsal in das
  Reich Gottes eingehen.

We must enter the kingdom of God through
  much tribulation.

ARIA:
Kreuz und Krone sind verbunden,
Kampf und Kleinod sind vereint;
Christen haben alle Stunden
ihre Qual und ihren Feind;
doch ihr Trost sind Christi Wunden.

Cross and crown are connected,
battle and jewel are joined;
Christians have at all times
their pain and their enemy;
but their consolation is Christ's wounds.

ARIA:
Ich folge Christo nach,
von ihm will ich nicht lassen
im Wohl und Ungemach,
im Leben und Erblassen.
Ich küsse Christi Schmach,
ich will sein Kreuz umfassen.

I follow Christ,
I will not abandon Him
in good times or hardship,
in life or in death's pallor.
I kiss Christ's disgrace,
I want to embrace His cross.

ARIA:
Sei getreu, alle Pein
wird doch nur ein Kleines sein.
Nach dem Regen
blüht der Segen,
alles Wetter geht vorbei.

Be faithful; every woe
will be only a small one.
After the rain
blessing blossoms,
every storm passes by.

CHORAL:
Was Gott thut, das ist wohlgethan,
dabei will ich verbleiben,
Es mag mich auf die rauhe Bahn
Noth, Tod und Elend treiben,
So wird Gott mich ganz väterlich
in seinen Armen halten:
drum lass' ich ihn nur walten.

What God does is well done,
I will maintain that opinion.
I may be driven onto rough paths
by distress, death and poverty,
but, just like a father, God
will hold me in His arms:
so I let him do as He pleases.

Ich hatte viel Bekümmerniss

CORO:
Ich hatte viel Bekümmerniss in meinem
  Herzen; aber deine Tröstungen erquicken
  meine Seele.

I had much sorrow in my heart; but your
  words of comfort refresh my soul.

ARIA:
Seufzer, Thränen,
Kummer, Noth,
ängstlich's Sehnen,
Furcht und Tod
nagen mein beklemmtes Herz,
ich empfinde Jammer, Schmerz.

Sighs, tears,
sorrow, distress,
anguished longing,
fear and death
gnaw my oppressed heart;
I feel grief and pain.

RECITATIVO:
Wie, hast du dich, mein Gott,
in meiner Noth,
in meiner Furcht und Zagen,
denn ganz von mir gewandt?
Ach! kennst du nicht dein Kind?
Ach! hörst du nicht die Klagen
von denen, die dir sind
mit Bund und Treu' verwandt?
Du warest meine Lust,
und bist mir grausam worden!
Ich suche dich an allen Orten,
ich ruf', ich schrei' dir nach,
allein, mein Weh und Ach,
scheint jetzt, als sei es dir ganz unbewusst.

What! have you, my God,
in my distress,
in my fear and trembling,
turned away from me completely?
Ah! do you not know your child?
Ah, do you not hear the laments
of those who are related to you
by covenant and loyalty?
You were my pleasure,
and have become cruel to me!
I seek you everywhere,
I call and cry after you,
but my cries of woe
now seem quite unheeded by you.

ARIA:
Bäche von gesalznen Zähren,
Fluthen rauschen stets einher,
Sturm und Wellen mich versehren.
Und dies trübsalvolle Meer
will mir Geist und Leben schwächen,
Mast und Anker wollen brechen!
Hier versink' ich in den Grund,
dort seh' ich der Hölle Schlund.

CORO:
Was betrübst du dich, meine Seele, und bist
  so unruhig in mir? Harre auf Gott; denn
  ich werde ihm noch danken; dass er
  meines Angesichtes Hülfe, und mein
  Gott ist.

RECITATIVO:
"Ach Jesu, Meine Ruh',
mein Licht, wo bleibest du?"
"Seele, sieh! ich bin bei dir!"
"Bei mir? hier ist ja lauter Nacht!"
"Ich bin dein treuer Freund,
der auch im Dunkeln wacht,
wo lauter Schalken seind."
"Brich doch mit deinem Glanz
und Licht des Trostes ein!"
"Die Stunde kommet schon,
da deines Kampfes Kron'
dir wird ein süsses Labsal sein."

DUETTO:
{ Komm, mein Jesu, und erquicke,
{ Ja, ich komme und erquicke
{ und erfreu' mit deinem Blicke!
{ dich mit meinem Gnadenblicke.
{ Diese Seele, die soll sterben
{ Deine Seele, die soll leben
{ und nicht leben,
{ und nicht sterben,
{ und in ihrer Unglückshöhle
{ hier aus dieser wunden Höhle
{ ganz verderben?
{ sollt du erben.
{ Ich muss stets in Kummer schweben,
{ Heil! durch diesen Saft der Reben,
{ ja, ach ja! ich bin verloren,
{ nein, ach nein! du bist erkoren,
{ nein, ach nein, du hassest mich.
{ ja, ach ja! ich liebe dich.
{ Ach, Jesu, durchsüsse mir Seele und Herze!
{ Entweichet ihr Sorgen, verschwinde du
{   Schmerze!

CORO:
Sei nun wieder zufrieden, meine Seele, denn
  der Herr thut dir Guts.
Was helfen uns die schweren Sorgen,
was hilft uns unser Weh und Ach?
Was hilft es, dass wir alle Morgen
beseufzen unser Ungemach?
Wir machen unser Kreuz und Leid
nur grösser durch die Traurigkeit.
Denk nicht in deiner Drangsalshitze:

dass du von Gott verlassen seist,
und dass der Gott im Schoosse sitze,
der sich mit stetem Glücke speist.
Die Folgezeit verändert viel,
und setzet Jeglichem sein Ziel.

Streams of salty tears,
torrents constantly roar by,
storm and waves wound me.
And this sea of tribulation
are weakening my spirit and life;
mast and anchor are about to break!
Here I sink to the bottom,
there I see the maw of Hell.

Why do you mourn, my soul, and are so
restless within me? Trust in God, for I
shall thank him yet, that He is the aid
of my brow, and my God.

"Ah, Jesus, my repose,
my light, where are you?"
"See, soul! I am with you!"
"With me? but here there is only night!"
"I am your loyal friend,
who stands guard even in the dark,
where there are only evildoers."
"But burst in with your glow
and light of consolation!"
"The hour will soon come
when the crown of your struggle
will be a sweet comfort."

{ Come, my Jesus, and refresh
{ Yes, I come and refresh
{ and delight me with your sight!
{ you with the sight of my grace.
{ Shall this soul die
{ Your soul shall live
{ and not live,
{ and not die,
{ and in its cave of misfortune
{ here from out this painful cave
{ perish totally?
{ you shall inherit.
{ I must always hover in sorrow,
{ Hail! by this juice of the vine
{ yes, oh yes! I am lost,
{ no, oh no! you are chosen,
{ no, oh no, you hate me.
{ yes, oh yes, I love you.
{ Ah, Jesus, sweeten my soul and heart!
{ Depart, cares, vanish, pain!

Be contented once more, my soul, for the
Lord is good to you.
What is the use of our heavy sorrows,
what is the use of our cries of woe?
What help is it if every morning
we sigh over our misfortune?
We only make our cross and grief
greater by being mournful.
Do not think, in the heat of your
oppression,
that you are abandoned by God,
and that God dwells in the bosom
that feeds on constant happiness.
The future makes many changes
and sets the goal for everyone.

ARIA:
Erfreue dich Seele, erfreue dich Herze,
entweiche nun Kummer, verschwinde du
Schmerze!
Verwandle dich Weinen in lauteren Wein,
es wird nun mein Aechzen ein Jauchzen
nur sein!
Es brennet und flammet die reineste Kerze
der Liebe, des Trostes in Seele und Brust,
weil Jesus mich tröstet mit himmlischer
Lust.

CORO:
Das Lamm, das erwürget ist, ist würdig zu
nehmen Kraft, und Reichthum, und Weis-
heit, und Stärke, und Ehre, und Preis,
und Lob. Lob, und Ehre, und Preis, und
Gewalt sei unserm Gott von Ewigkeit zu
Ewigkeit. Amen, Alleluja!

Rejoice, soul, rejoice, heart,
depart now, sorrow, vanish, pain!

Weeping, be changed to pure wine;
now my groans will be only exultation!

The holiest taper of love and comfort
burns and flames in soul and breast
because Jesus comforts me with heavenly
pleasure.

The lamb that was slain is worthy to take
might, and riches, and wisdom, and
strength, and honor, and fame, and
praise. Praise, and honor, and fame, and
power to our God from eternity to eter-
nity. Amen, hallelujah!

Jauchzet Gott in allen Landen

ARIA:
Jauchzet Gott in allen Landen!
Was der Himmel und die Welt
an Geschöpfen in sich hält,
müsse dessen Ruhm erhöhen,
und wir wollen unserm Gott
gleichfalls jetzt ein Opfer bringen,
dass er uns in Kreuz und Noth
alle Zeit hat beigestanden.

RECITATIVO:
Wir beten zu dem Tempel an,
da Gottes Ehre wohnet,
da dessen Treu',
so täglich neu',
mit lauter Segen lohnet.
Wir preisen, was Er an uns hat gethan.
Muss gleich der schwache Mund
von seinen Wundern lallen,
so kann ein schlechtes Lob
ihm dennoch wohlgefallen.

ARIA:
Höchster, mache deine Güte
ferner alle Morgen neu.
So soll für die Vatertreu'
auch ein dankbares Gemüthe
durch ein frommes Leben weisen,
dass wir deine Kinder heissen.

CHORAL:
Sei Lob und Preis mit Ehren
Gott Vater, Sohn, heiligem Geist!
der woll' in uns vermehren,
was er uns aus Gnaden verheisst,
dass wir ihm fest vertrauen,
gänzlich verlass'n auf ihn,
von Herzen auf ihn bauen,
dass uns'r Herz, Muth und Sinn
ihm festiglich anhangen;
drauf singen wir zur Stund':
Amen! wir werd'ns erlangen,
glaub'n wir aus Herzens Grund.
Alleluja!

Shout joyfully to God in all lands!
All the beings
that Heaven and the world contain
must augment His fame,
and to our God
we too will now bring an offering,
for in affliction and distress
He always stood by us.

We pray to the temple
where God's honor resides,
since His loyalty,
new with each day,
rewards with pure blessing.
We praise what he has done for us.
If our lips are feeble
in speaking of his wonders,
still even poor praise
can please Him.

Almighty, continue to renew
your kindness every morning.
So in return for the Father's loyalty
a grateful mind
will also show, by pious living,
that we are your children.

Praise and fame with honor
to God the Father, Son and Holy Ghost!
May He increase in us
what His grace promises us,
that we may trust Him firmly,
depend on Him completely,
rely on Him heartily,
that our heart, spirit and mind
cling to him tightly;
so let us now sing:
Amen! we shall attain this,
if we believe from the bottom of our heart.
Hallelujah!

Ich will den Kreuzstab gerne tragen

ARIA:

Ich will den Kreuzstab gerne tragen,
er kommt von Gottes lieber Hand;
der führet mich nach meinen Plagen
zu Gott, in das gelobte Land.
Da leg' ich den Kummer auf einmal in's
  Grab,
da wischt mir die Thränen mein Heiland
  selbst ab.

I will gladly carry the cross;
it comes from God's dear hand;
it leads me, after my troubles,
to God, to the Promised Land.
There I will finally bury sorrow,

There my Savior Himself will dry my
  tears.

RECITATIVO:

Mein Wandel auf der Welt
ist einer Schifffahrt gleich;
Betrübniss, Kreuz und Noth
sind Wellen, welche mich bedecken
und auf den Tod mich täglich schrecken.
Mein Anker aber, der mich hält,
ist die Barmherzigkeit,
womit mein Gott mich oft erfreut.
Der rufet so zu mir:
Ich bin bei dir,
ich will dich nicht verlassen, noch
  versäumen!
Und wenn das wüthenvolle Schäumen
sein Ende hat,
so tret' ich aus dem Schiff in meine Stadt,
die ist das Himmelreich,
wohin ich mit den Frommen
aus vieler Trübsal werde kommen.

My life in the world
is like a voyage;
worry, affliction and distress
are waves that cover me
and daily frighten me to death.
But my anchor that sustains me
is the mercy
with which God often cheers me.
He calls thus to me:
I am with you,
I will not abandon or neglect you!

And when the furious foaming
comes to an end,
I shall step from my ship into my city,
which is the Kingdom of Heaven,
to which, along with the pious,
I shall come after my great troubles.

ARIA:

Endlich wird mein Joch
Wieder von mir weichen müssen.
Da krieg' ich in dem Herren Kraft,
da hab' ich Adlers Eigenschaft,
da fahr' ich auf von dieser Erden
im Laufe, sonder matt zu werden.
O! gescheh' es heute noch!

Finally my yoke
will have to fall from me again.
Then I will get strength in the Lord,
then I will have the eagle's qualities,
than I shall spring up from this earth
in a run, without becoming weary.
Oh! let it happen today!

RECITATIVO:

Ich stehe fertig und bereit,
das Erbe meiner Seligkeit
mit Sehnen und Verlangen
von Jesu Händen zu empfangen.
Wie wohl wird mir geschehn,
wenn ich den Port der Ruhe werde sehn.
Da leg ich den Kummer auf einmal in's
  Grab,
da wischt mir die Thränen mein Heiland
  selbst ab.

I stand ready and prepared
to receive the legacy of my bliss
with longing and desire
from Jesus' hands.
How happy I will be
When I see the port of repose.
There I will finally bury sorrow,

There my Savior Himself will dry my
  tears.

CHORAL:

Komm, o Tod, du Schlafes Bruder,
Komm, und führe mich nur fort;
löse meines Schiffleins Ruder,
bringe mich an sichern Port.
Es mag, wer da will, dich scheuen;
du kannst mich vielmehr erfreuen;
denn durch dich komm' ich hinein
zu dem schönsten Jesulein.

Come, O Death, brother of Sleep,
come and take me away;
slacken the rudder of my boat,
bring me to a safe harbor.
Let whoever will, fear you,
I, on the contrary, will delight in you;
for through you I enter in
to beautiful Jesus.

Nun komm, der Heiden Heiland

OUVERTURE:

Nun komm, der Heiden Heiland,
der Jungfrauen Kind erkannt,
dess sich wundert alle Welt:
Gott solch' Geburt ihm bestellt.

Now come, Savior of the heathen,
recognized as the Virgin's Child,
at whom all the world is amazed:
God ordained such a birth for Him.

RECITATIVO:

Der Heiland ist gekommen,
hat unser armes Fleisch und Blut
an sich genommen,
und nimmet uns zu Blutsverwandten an.
O! allerhöchstes Gut,
was hast du nicht an uns gethan?
Was thust du nicht
noch täglich an den Deinen?
Du kommst und lässt dein Licht
mit vollem Segen scheinen.

ARIA:

Komm, Jesu, komm zu deiner Kirche,
und gieb ein selig neues Jahr.
Befördre deines Namens Ehre,
erhalte die gesunde Lehre,
und segne Kanzel und Altar.

RECITATIVO (Revelation 3:20):

"Siehe! Ich stehe vor der Thür' und   klopfe
  an. So Jemand meine Stimme hören wird
  und die Thür' aufthun: zu dem werde Ich
  eingehen, und das Abendmahl mit ihm
  halten, und er mit Mir."

ARIA:

Öffne dich, mein ganzes Herze,
Jesus kommt und ziehet ein.
Bin ich gleich nur Staub und Erde,
will er mich doch nicht verschmähn,
seine Lust an mir zu sehn,
dass ich seine Wohnung werde.
O, wie selig werd' ich sein!

CHORAL:

Amen!
Komm, du schöne Freudenkrone,
bleib' nicht lange.
Deiner wart' ich mit Verlangen.

Jesus, der du meine Seele

Jesu, der du meine Seele
hast durch deinen bittern Tod
aus des Teufels finstrer Höhle
und der schweren Seelennoth
kräftiglich heraus gerissen,
und mich Solches lassen wissen
durch dein angenehmes Wort:
sei doch jetzt, o Gott, mein Hort!

ARIA. DUETTO:

Wir eilen mit schwachen, doch emsigen
  Schritten,
O Jesu, o Meister, zu helfen zu dir!
Du suchest die Kranken und Irrenden
  treulich.
Ach! höre, wie wir
die Stimme erheben, um Hülfe zu bitten!
Es sei uns dein gnädiges Antlitz erfreulich!

RECITATIVO:

Ach! ich bin ein Kind der Sünden,
ach! ich irre weit und breit.
Der Sünden Aussatz, so an mir zu finden,
verlässt mich nicht in dieser Sterblichkeit.
Mein Wille trachtet nur nach Bösem.
Der Geist zwar spricht: ach! wer wird mich
  erlösen?

The Savior has come,
has taken our poor flesh and blood
to Himself,
and accepts us as blood relations.
Oh, highest Good,
what have you not done for us?
What do you not do
daily for your people?
You come and let your light
shine with full blessing.

Come, Jesus, come to your church,
and give us a happy new year.
Promote the honor of your name,
maintain the healthy doctrine,
and bless pulpit and altar.

"Behold, I stand at the door and knock: if any man hear my voice, and open the door, I will come in to him, and will sup with him, and he with me."

Open wide, my heart,
Jesus is coming and entering in.
Though I am but dust and earth,
still He will not disdain me,
but will see His pleasure in me,
so that I become His dwelling.
Oh, how happy I will be!

Amen!
Come, lovely crown of joy,
do not tarry long.
I await you with longing.

Jesus, who
by your bitter death
tore my soul with might
out of the Devil's dark cave
and heavy distress of soul,
and informed me of this
by your pleasant scripture:
be my treasure now, God!

We hasten with weak but diligent steps

to you for help, O Jesus, O Master!
You faithfully seek the ill and the lost.

Oh, hear how we
raise our voice to ask for aid!
May your gracious countenance cheer us!

Ah! I am a child of sin,
ah! I stray far and wide.
The leprosy of sin, to be found on me,
will not leave me for all my mortal years.
My mind thinks only of evil.
To be sure, my spirit says: "Ah! who will redeem me?"

Aber, Fleisch und Blut zu zwingen,
und das Gute zu vollbringen,
ist über alle meine Kraft.
Will ich den Schaden nicht verhehlen,
so kann ich nicht, wie oft ich fehle, zählen.
D'rum nehm' ich nun der Sünden Schmerz und Pein
und meiner Sorgen Bürde,
so mir sonst unerträglich würde,

und lief're sie dir, Jesu, seufzend ein.
Rechne nicht die Missethat,
die dich, Herr, erzürnet hat!

ARIA:
Dein Blut, so meine Schuld durchstreicht,
macht mir das Herze wieder leicht
und spricht mich frei.
Ruft mich der Höllen Herr zum Streite,
so stehet Jesus mir zur Seite,
dass ich beherzt und sieghaft sei.

RECITATIVO:
Die Wunden, Nägel, Kron' und Grab,
die Schläge, so man dort dem Heiland gab,
sind ihm nunmehro Siegeszeichen,
und können mir erneute Kräfte reichen.
Wenn ein erschreckliches Gericht
den Fluch für die Verdammten spricht:
so kehrst du ihn in Segen.
Mich kann kein Schmerz und keine Pein bewegen,
weil sie mein Heiland kennt,
und da dein Herz für mich in Liebe brennt,
so lege ich hinwieder
das meine vor dir nieder.
Dies, mein Herz, mit Leid vermenget,
so dein theures Blut besprenget,
so am Kreuz vergossen ist,
geb' ich dir, Herr Jesu Christ.

ARIA:
Nun, du wirst mein Gewissen stillen,
so wider mich um Rache schreit,
ja, deine Treue wird's erfüllen,
weil mir dein Wort die Hoffnung beut.
Wenn Christen an dich glauben,
wird sie kein Feind in Ewigkeit
aus deinen Händen rauben.

CHORAL:
Herr, ich glaube, hilf mir Schwachen,
lass mich ja verzagen nicht;
du, du kannst mich stärker machen,
wenn mich Sünd' und Tod anficht.
Deiner Güte will ich trauen,
bis ich fröhlich werde schauen
dich, Herr Jesu, nach dem Streit
in der süssen Ewigkeit.

But to restrain my flesh and blood
and to accomplish the good,
is quite beyond my strength.
If I do not want to conceal the harm I do,
I cannot count the number of my failings.
Thus I now take the pain and grief of my sins
and the burden of my cares,
which otherwise would become unbearable to me,

and, sighing, deliver them to you, Jesus.
Do not reckon the misdeed
that angered you, O Lord!

Your blood, which cancels my guilt,
makes my heart light again
and acquits me.
If the lord of Hell summons me to battle,
Jesus stands beside me
so that I may take heart and be victorious.

The wounds, nails, crown and grave,
the blows given there to the Savior,
are now his tokens of victory
and can give me renewed strength.
When a frightful judgment
pronounces the curse on the damned,
you turn it to a blessing.
No pain or grief can move me,

because my Savior knows them,
and since your heart burns in love for me,
so I in return lay
mine down before you.
This my heart, mingled with sorrow,
which your precious blood sprinkled
when it was spilt on the cross,
I give to you, Lord Jesus Christ.

Now you will quiet my conscience,
which calls against me for vengeance;
yes, your loyalty will fill it,
because your word offers me hope.
When Christians believe in you,
no enemy through all eternity
will steal them out of your hands.

Lord, I believe; aid me in my weakness;
do not let me despair;
you, you can make me stronger
when sin and death attack me.
I will trust in your goodness
until I joyfully see
you, Lord Jesus, after the battle
in sweet eternity.

Ein' feste Burg ist unser Gott

Ein' feste Burg ist unser Gott,
ein' gute Wehr und Waffen;
er hilft uns frei aus aller Noth,
die uns jetzt hat betroffen.
Der alte böse Feind,
mit Ernst er's jetzt meint,
gross' Macht und viel' List
sein' grausam' Rüstung ist;
auf Erd' ist nicht sein's Gleichen.

A sturdy fortress is our God
a good defense and weapon;
he saves us from every distress
that has now befallen us.
The old evil enemy
is now attacking seriously;
great power and much cunning
are his cruel armaments;
his like is not upon earth.

ARIA:

Alles, was von Gott geboren,
ist zum Siegen auserkoren.
Mit unsrer Macht ist nichts gethan,
wir sind gar bald verloren.
Es streit't für uns der rechte Mann,
den Gott selbst hat erkoren.
Fragst du, wer er ist?
Er heisst Jesus Christ,
der Herre Zebaoth,
und ist kein ander Gott,
das Feld muss er behalten.
Wer bei Christi Blutpanier
in der Taufe Treu' geschworen,

siegt im Geiste für und für.

Everything born of God
is chosen for victory.
Our might counts for nothing;
we are soon lost.
The right man fights for us,
one whom God himself chose.
Do you ask who he is?
He is called Jesus Christ,
the Lord of Hosts,
and there is no other God;
he must win the battle.
Whoever, at his baptism,
has sworn loyalty to Christ's banner of
blood,
is utterly victorious in his spirit.

RECITATIVO:

Erwäge doch, Kind Gottes, die so grosse
Liebe,
da Jesus sich mit seinem Blute dir
verschriebe,
womit er dich zum Siege wider Satans Heer
und wider Welt und Sünde geworben hat.
Gieb nicht in deiner Seele
dem Satan und den Lastern statt!
Lass nicht dein Herz,
den Himmel Gottes auf der Erden,
zur Wüste werden!
Bereue deine Schuld mit Schmerz,
dass Christi Geist mit dir sich fest
verbinde.

Consider, child of God, that great love,

when Jesus deeded himself to you with his
blood,
whereby he recruited you for victory
against Satan's army, the world and sin.
Make no place in your soul
for Satan and vices!
Do not let your heart,
God's Heaven on earth,
become a desert!
Repent your guilt with pain,
so that Christ's spirit may join closely
with you.

ARIA:

Komm in mein Herzens-Haus,
Herr Jesu, mein Verlangen!
Treib' Welt und Satan aus,
und lass dein Bild in mir erneuert prangen.

Weg, schnöder Sünden Graus!

Come into the house of my heart,
Lord Jesus, my desire!
Drive out the world and Satan,
and let your image shine in me with
renewed splendor.

Away, horror of vile sins!

CHORAL:

Und wenn die Welt voll Teufel wär',
und wollten uns verschlingen,
so fürchten wir uns nicht so sehr,
es soll uns doch gelingen;
der Fürst dieser Welt,
wie saur er sich stellt,
thut er uns doch nichts,
das macht, er ist gericht't;
ein Wörtlein kann ihn fällen.

And even if the world were full of devils
who wanted to swallow us up,
we would not be much afraid;
we shall succeed nevertheless;
the Prince of this world,
however threateningly he poses,
can do nothing to us
because he is judged;
a brief word can bring him down.

RECITATIVO:

So stehe denn bei Christi blutgefärbte
Fahne,
o Seele, fest,
und glaube, dass dein Haupt dich nicht
verlässt,
ja, dass sein Sieg auch dir
den Weg zu deiner Krone bahne.
Tritt freudig an den Krieg!
Wirst du nur Gottes Wort
so hören als bewahren,
so wird der Feind gezwungen auszufahren,
dein Heiland bleibt dein Heil,
dein Heiland bleibt dein Hort.

So stand by Christ's bloodstained flag

firmly, O soul,
and believe that your chief will not
abandon you,
yes, that His victory also
prepares the way for your crown.
Join in the war joyfully!
If you only hear and retain
God's word,
the enemy will be forced to depart;
your Savior remains your salvation,
your Savior remains your treasure.

DUETTO:

Wie selig sind doch die,
die Gott im Munde tragen,
doch sel'ger ist das Herz,
das ihn im Glauben trägt.

How happy are those
who bear God on their lips,
but happier is the heart
which bears Him in its faith.

Es bleibet unbesiegt
und kann die Feinde schlagen,
und wird zuletzt gekrönt,
wenn es den Tod erlegt.

CHORAL:

Das Wort sie sollen lassen stahn
und kein'n Dank dazu haben.
Er ist bei uns wohl auf dem Plan
mit seinem Geist und Gaben.
Nehmen sie uns den Leib,
Gut, Ehr', Kind und Weib,
lass fahren dahin,
sie haben's kein'n Gewinn;
das Reich muss uns doch bleiben.

Ich habe genug

ARIA:

Ich habe genug,
ich habe den Heiland, das Hoffen der
Frommen
auf meine begierigen Arme genommen.
Ich hab' ihn erblickt,
mein Glaube hat Jesum an's Herze
gedrückt,
nun wünsch' ich noch heute mit Freuden
von hinnen zu scheiden:
ich habe genug!

RECITATIVO:

Ich habe genug! Mein Trost ist nur allein,
dass Jesus mein und ich sein eigen möchte
sein.
Im Glauben halt' ich ihn,
da seh' ich auch mit Simeon
die Freude jenes Lebens schon.
Lasst uns mit diesem Manne ziehn!
Ach! möchte mich von meines Leibes Ketten
der Herr erretten.
Ach! wäre doch mein Abschied hier,
mit Freuden sagt' ich, Welt, zu dir:
ich habe genug!

ARIA:

Schlummert ein, ihr matten Augen,
fallet sanft und selig zu.
Welt, ich bleibe nicht mehr hier,
hab' ich doch kein Theil an dir,
das der Seele könnte taugen.
Hier muss ich das Elend bauen,
aber dort, dort werd' ich schauen
süssen Frieden, stille Ruh'.

RECITATIVO:

Mein Gott! wann kommt das schöne: Nun!

da ich in Frieden fahren werde,
und in dem Sande kühler Erde,
und dort, bei dir, im Schoosse ruhn?
Der Abschied ist gemacht.
Welt! gute Nacht.

ARIA:

Ich freue mich auf meinen Tod!
ach! hätt' er sich schon eingefunden.
Da entkomm' ich aller Noth,
die mich noch auf der Welt gebunden.

It remains unconquered
and can vanquish its enemies,
and finally is crowned
when it overcomes death.

They ought to let the Word stand
and have no thanks for this.
He is well in evidence among us
With His spirit and gifts.
If they take away our body,
property, honor, child and wife,
let all that go;
they gain no profit by that:
we still have the Kingdom before us.

I have enough;
I have taken the Savior, the hope of the
    pious,
upon my eager arms.
I have espied Him;
my faith has clasped Jesus to its heart;

now I wish, this very day, with joy
to depart from here:
I have enough!

I have enough! My only consolation is
that Jesus is mine and I wish to be His.

When I hold Him in my faith,
then I too already see, like Simeon,
the joys of the future life.
Let us depart with this man!
Ah! may the Lord rescue me
from the chains of my body.
Ah! if my time to go were here,
I would joyfully say to you, O world:
I have enough!

Fall asleep, you weary eyes,
close gently and blissfully.
World, I remain here no longer,
for I have no share in you
that is of any use to my soul.
Here I must cultivate misery,
but there, there I shall behold
sweet peace, tranquil rest.

My God! when will the beautiful "Now!"
    come,
when I shall go in peace
and rest in the sand of the cool earth
and, there, in your bosom?
The departure is undertaken.
World, good night!

I look forward to my death!
Ah! if it had only arrived already!
Then I will escape all the distress
that still bound me in the world.

Gottes Zeit ist die allerbeste Zeit

Gottes Zeit ist die allerbeste Zeit. [Acts 17:28] In ihm leben, weben und sind wir, so lange er will. In ihm sterben wir zu rechter Zeit, wenn er will. [Psalm 90:12] Ach, Herr! Lehre uns bedenken, dass wir sterben müssen, auf dass wir klug werden. [Isaiah 38:1] Bestelle dein Haus! denn du wirst sterben, und nicht lebendig bleiben. [Ecclesiasticus 14:17] Es ist der alte Bund: Mensch, du musst sterben. [Revelation 22:20] Ja komm, Herr Jesu!

[Psalm 31:5] In deine Hände befehl' ich meinen Geist; du hast mich erlöset, Herr, du getreuer Gott. [Luke 23:43] Heute wirst du mit mir im Paradies sein.
    Mit Fried' und Freud ich fahr' dahin
    in Gottes Willen,
    getrost ist mir mein Herz und Sinn,
    sanft und stille,
    wie Gott mir verheissen hat;
    der Tod ist mein Schlaf worden.

    Glorie, Lob, Ehr' und Herrlichkeit
    Sei dir, Gott Vater und Sohn bereit,

    dem heil'gen Geist mit Namen!
    Die göttlich' Kraft
    mach' uns sieghaft
    durch Jesum Christum, Amen.

God's time is the best of all. In Him we live, and move, and have our being, for as long as He wishes. In Him we die at the right time, if He wishes. Ah, Lord! teach us to number our days, that we may apply our hearts unto wisdom. Set thine house in order: for thou shalt die and not live. For the covenant from the beginning is, Thou shalt die the death. Come, Lord Jesus.

Into thine hand I commit my spirit: thou hast redeemed me, O Lord God of truth. To day shalt thou be with me in paradise.
    With peace and joy I depart
    in God's will;
    my heart and mind are consoled,
    gentle and still,
    as God promised me;
    death has become my sleep.

    Glory, praise, honor and splendor
    be prepared for you, God Father and
      Son,
    the Holy Ghost by name!
    May divine strength
    make us victorious
    through Jesus Christ. Amen.

Wachet auf, ruft uns die Stimme

Wachet auf! ruft uns die Stimme
der Wächter sehr hoch auf der Zinne:
wach auf, du Stadt Jerusalem!
Mitternacht heisst diese Stunde;
sie rufen uns mit hellem Munde:
wo seid ihr klugen Jungfrauen?
Wohl auf! der Bräut'gam kommt,
steht auf! die Lampen nehmt.
Alleluja! macht euch bereit
zu der Hochzeit,
ihr müsset ihm entgegen gehn.

RECITATIV:
Er kommt, er kommt, der Bräut'gam
    kommt!
Ihr Töchter Zions, kommt heraus,
sein Ausgang eilet aus der Höhe
in euer Mutter Haus.
Der Bräut'gam kommt, der einem Rehe
und jungen Hirsche gleich
auf denen Hügeln springt,
und euch das Mahl der Hochzeit bringt.
Wacht auf, ermuntert euch!
den Bräut'gam zu empfangen;
dort! sehet! kommt er hergegangen.

ARIE (DUETT):
Wann kommst du, mein Heil?
Ich komme, dein Theil.
Ich warte mit brennendem Öle.
{ Ich öffne den Saal
{ Eröffne den Saal
zum himmlischen Mahl,
komm, Jesu!
ich komme; komm', liebliche Seele!

"Awaken!" calls to us the voice
of the guards high up on the battlements:
"Awake, city of Jerusalem!"
Midnight, this hour is called;
they summon us in a clear voice:
where are you, wise virgins?
Up now! the Bridegroom is coming;
arise! take the lamps.
Hallelujah! make yourselves ready
for the wedding;
you must go to meet Him.

He comes, He comes, the Bridegroom
    comes!
You daughters of Zion, come out;
He hastens His departure from on high
into your mother's house.
The Bridegroom comes, like a roedeer
and young stag
He leaps on the hills,
and brings you the wedding feast.
Awaken, be lively
and greet the Bridegroom;
there! see! He comes this way.

"When will you come, my salvation?"
"I am coming, your portion."
"I am waiting with burning oil."
{ "I open the hall
{ "Open the hall
to the heavenly feast."
"Come, Jesus!"
"I am coming; come, lovely soul!"

CHORAL:

Zion hört die Wächter singen,	Zion hears the guards sing;
das Herz thut ihr vor Freuden springen,	her heart leaps for joy;
sie wachet, und steht eilend auf.	she awakes and arises in haste.
Ihr Freund kommt vom Himmel prächtig,	Her Friend comes in splendor from Heaven,
von Gnaden stark, von Wahrheit mächtig,	strong in grace, mighty in truth;
ihr Licht wird hell, ihr Stern geht auf.	her light grows bright, her star rises.
Nun komm, du werthe Kron',	Now come, you worthy crown,
Herr Jesu, Gottes Sohn	Lord Jesus, Son of God,
Hosianna!	hosanna!
wir folgen All'	We all follow
zum Freudensaal,	to the hall of joy
und halten mit das Abendmahl.	and participate in the supper.

RECITATIV:

So geh, herein zu mir,	So go in to me,
du mir erwählte Braut!	you bride whom I have chosen!
Ich habe mich mit dir	I have betrothed myself
in Ewigkeit vertraut.	to you for eternity.
Dich will ich auf mein Herz,	I want to set you on my heart,
auf meinen Arm gleichwie ein Siegel setzen,	on my arm, like a seal,
und dein betrübtes Aug ergötzen.	and delight your saddened eyes.
Vergiss, o Seele, nun	O soul, forget now
die Angst, den Schmerz,	the anxiety, the pain
den du erdulden müssen;	which you had to endure;
auf meiner Linken sollst du ruh'n,	you shall rest at my left hand
und meine Rechte soll dich küssen.	and my right shall kiss you.

ARIE (DUETT):

Mein Freund ist mein!	"My Friend is mine!"
Und ich bin dein!	"And I am yours!"
Die Liebe soll nichts scheiden.	"Nothing shall divide our love."
{ Ich will mit dir	{ "I want, with you, to
{ Du sollst mit mir	{ "You shall, with me,
in Himmels Rosen weiden,	graze among Heaven's roses;
da Freude die Fülle, da Wonne wird sein!	there will be joy in plenty, there will be rapture!"

CHORAL:

Gloria sei dir gesungen	"Gloria" be sung to you
mit Menschen- und englischen Zungen,	with the tongues of men and angels,
mit Harfen und mit Cymbeln schon.	with harps and cymbals.
Von zwölf Perlen sind die Pforten	Of twelve pearls are the portals
an deiner Stadt; wir sind Consorten	of your city; we are associates
der Engel hoch um deinen Thron.	of the angels high around your throne.
Kein Aug' hat je gespürt,	No eye has ever observed,
kein Ohr hat je gehört	no ear has ever heard
solche Freude.	such joy.
Dess sind wir froh,	Therefore we are happy,
io! io!	oh! oh!
ewig in dulci jubilo.	eternally in sweet rejoicing.